はじめに

お金なし、地盤なし、製菓学校暦なしの何のスキルも持ち合わせていない素人の私が、あろうことかヒラメキで2003年に「鎌倉しふぉん」をオープンしてしまいました。周りのみなさまは無謀でしかないと思われていたことでしょう……。けれども、気がつけば教室、レシピ本出版等々シフォンの世界が広がり、ヒラメキから扉は大きく開かれ、シフォンの奥深さに圧倒されっぱなしの道のりでした。

シフォンは、材料も作成手順もいたってシンプル！ お教室でも一度伝授すれば、あとはご自分で作成くださいね～のスタンスでしたが、もうこれ以上伝授することなど何もないのに2年、3年……いえ長い方だと10年以上通われる方も。そんな生徒さん方のシフォン愛や探究心に驚愕する中で提案されたのが、シフォンロールケーキでした。はじめは少なかったレシピも、もっと、もっとのお声に呼応しているうちに、出てくるわ出てくるわ！ 今となってはシフォンだけでなく、シフォンロールの奥深さにも魅了されています。

そして、生徒さんからのさまざまなお声にお応えしていく流れで生まれたのが、本書です。同配合でシフォン型17cmにも置き換え可。また、米粉、豆乳への置き換え、ノンオイルの需要にも対応しました。

私が長年シフォンを焼いていて思うことは「おいしければすべてよし！」。材料も、手順もあなたのお好みでよいということ。ただ、上手くいかないときは本書をご活用いただき、お好きなお味をお好きな粉で、思いっきり楽しい気持ちで焼いていただけたら本望です。

生徒さん方も続々と全国各地、いえ海外でもシフォン屋の夢を叶えています。好きなことを仕事にする！ シフォンはその手助けもしてくれます。あと何年、いや、あとどのくらいシフォンを焼けるのだろうかと、そんなことを考えながら本書をしたためております。

あなたの人生に、シフォンが輝きをもたらせてくれたら幸いです。

青井聡子

CONTENTS

本書の読み方

［分量・材料について］

- 計量単位は、小さじ1＝5cc、大さじ1＝15ccです。
- 卵はすべてLサイズ（正味約56g）を使っています。
- 分量が正味表記の場合は「皮をむいた状態」「茹でて水気をきった状態」「蒸した状態」など、下準備後の分量です。

［オーブンについて］

- 本書のレシピは、ガスオーブンで作った温度と焼き時間を記載しています。同じ温度に設定しても、熱源の種類や機種によっても焼き上がりが異なります。表記温度と時間を目安に、実際の様子を見ながら適宜調整してください。
  特に、電気オーブンは立ち上がりが遅く、開閉時に温度が下がりやすいため、予熱温度を30～50℃上げて、生地を入れたら設定温度に戻しましょう。焼き時間もガスオーブンに比べると数分長くかかる場合もあります。何度か焼いていく中で、適切な温度と焼き時間、オーブンのクセをつかんでください。

［焼き時間について］

- 本書のレシピは、シフォン生地をシート状と17cmシフォン型のどちらも同量で作ることができます。各レシピに180℃のガスオーブンでの焼き時間を表記しています。

シート焼き　17cmシフォン型

鎌倉しふぉんの
シフォンロールケーキは
だから、おいしくて作りやすい

教室の生徒さんたちのお声から生まれた、シフォンロールケーキ。
だからこそ、おいしさはもちろん、どなたでも作りやすい秘訣が詰まっています。
お好みや作る環境に合わせて、材料も形も大きさも、
おひとりおひとりならではのシフォン作りを楽しんでください。

同量で好みの材料に置き換えできる

鎌倉しふぉんで使う基本の材料は、卵、粉、牛乳、砂糖、油と家庭にある材料がメイン。本書のレシピでは「薄力粉」、「牛乳」を使用していますが、同量のまま薄力粉は「米粉」に、牛乳は「豆乳」や「水」に置き換えて作成できます。

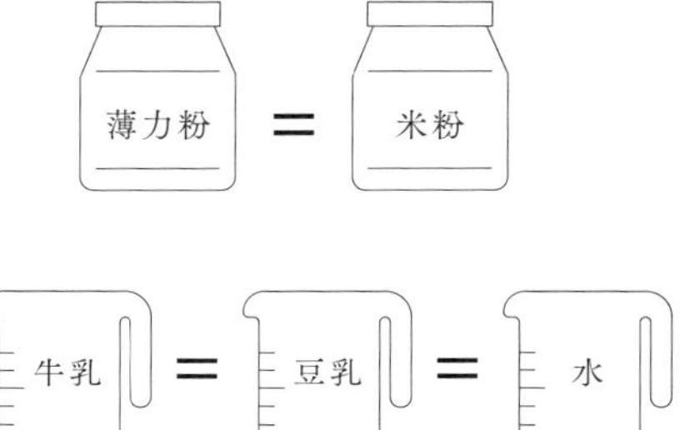

ノンオイルでもおいしく仕上がる

鎌倉しふぉんでは素材の味がダイレクトに伝わるよう、シンプルな材料で作成しています。そのうえ、ノンオイルでもシフォンの食感をくずすことなく焼成できます。どちらも試してみて、お好みの味わいを見つけるのもおすすめです。

こだわりのシフォン生地

鎌倉しふぉんのシフォン生地は、素材の味を活かしたシンプルな味わいと、しっかりとした弾力のある食感が特長。これが原点にあるからこそ、シフォンロールケーキはどのフレーバーでも、ふわふわで飽きのこないおいしさを楽しんでいただけます。

天板のサイズに合わせてロールサイズを変更可能

シフォンロールケーキの生地を焼くための型は、新聞紙で作成します（作り方はP.12参照）。そのため、ご自宅のオーブンや天板の大きさ、作りたいロールサイズに合わせて、型のサイズを自在に調整可能。気軽にシフォンロール作りが楽しめます。

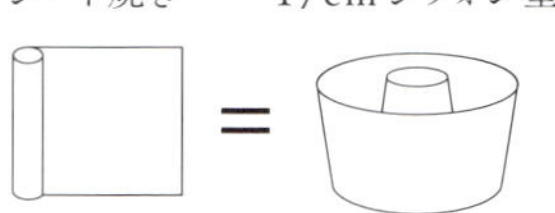

本書のレシピで17cmシフォン型が1台焼けます

本書でご紹介するシフォンロールケーキの生地は、25×30cmのシート焼き1枚分のレシピです。これと同量で、17cmシフォン型を1台焼成できます。その日の気分によって「今日はシフォン？ロール？」と、ぜひ心を弾ませてください。

基本の材料

シフォンロールケーキに使う基本の材料を紹介します。

粉

鎌倉しふぉんでは北海道産「ゆきんこ」を使用していますが、手軽に入手できる薄力粉でも大丈夫です。また、米粉（熊本県産「ミズホチカラ」）にも同量で置きかえ可能です。

卵

卵は冷蔵庫から出したてを使用します。本書ではLサイズ（正味約56g）を4個使用しますが、ミックス卵などを使用する際は、卵黄約75g、卵白約150gで計量して使用してください。

グラニュー糖

シフォンは軽い食感が特徴のケーキなので、上品なグラニュー糖を使います。精製されていない砂糖を使うと多少膨らみに欠けますが、お好みのものを使用可能です。甘さもお好みで調整してください。

牛乳

牛乳を加えることで、生地にまろやかさとコクが加わります。お店では無調整の乳脂肪分3.7%の牛乳を使用。牛乳が苦手なら、豆乳や水に置き換え可能です。いずれも人肌程度に温めてから使います。

菜種油

菜種油は、あと味がさわやかで臭いが残らないのがメリット。他には、紅花油やコーン油も◎。酸化しやすいので、開封後は早めに使いきりましょう。

生クリーム

生地に塗るクリームは乳脂肪分42%のものを使用しています。

上白糖

生地に打つシロップには、上白糖を使います。しっとりとした感触で、甘みの中にコクがあるのが特徴です。

洋酒

シロップは、洋酒で風味付けするとおいしさが増します。写真のラム酒のほか、コアントローやキルッシュワッサーをシフォンロールケーキのフレーバーごとに使い分けています。

基本の道具

シフォンロールケーキを作る際に使う道具を紹介します。

①ハンドミキサー
パワーがあり、羽根の部分が大きいものがおすすめです。メレンゲ作りの必需品。手で泡立てると時間がかかり生地がだれてしまいます。

②ケーキクーラー
シフォン生地を焼いたあとにのせて、粗熱がとれるまで冷まします。

③ゴムベラ
シリコン製で持ち手と一体型になったタイプが使いやすく、衛生的。しなりのよいものを選びましょう。卵黄生地用とメレンゲ用の2本あると作業がスムーズです。

④ボウル（大・小）
お菓子用のボウルには平たいものより、深さのあるボウル（ミキシングボウル）が適しています。生地が中心に集まるため、メレンゲの仕上がりがよく、短時間でできるため生地がだれません。

⑤ふるい
いろいろなタイプがありますが、持ち手つきのざる（ストレーナー）がおすすめ。扱いやすく、洗うのにも便利で、料理でも活躍します。

⑥小鍋
キャラメルを作ったり、コンポートを作ったり……と何かと活躍します。注ぎ口が付いたものを選ぶと便利です。

⑦シフォンヘラ
シフォンケーキを型から抜くときに、中心の筒部分から外すのに使います。クリームを塗るときの微調整などにも活用できます。

⑧パレットナイフ
生地にクリームを塗るときに使用。シフォンケーキを型から抜くときにも活躍します。

⑨ホイッパー
ワイヤーの数が多く、持ち手がしっかりとした製菓用のものが混ぜやすくておすすめです。長さ30cmが標準です。ボウルの大きさに合わせた長さを選びましょう。

⑩刷毛
焼成したシフォン生地にシロップを打つときに使用します。本書では毛でできた刷毛を使っています。

⑪クッキングシート
型紙の上に敷いたり、ロール状に巻いたりするときなど、さまざまなシーンで活躍します。

ⓐ

⑫パン切り包丁
シフォンロールケーキをカットするときに使います。シフォン生地はふわふわで食パンに近いため、ケーキナイフや包丁よりも、パン切り包丁を前後に動かすようにして切りましょう。1カットずつ直火で軽く温めてからⓐ切ると、きれいにカットできます。

⑬絞り出し袋
生地に柄を入れたり、餡を絞り出したり、モンブラン（P.70）やブッシュ・ド・ノエル（P.74）などのクリームを絞るときなどに使います。

⑭口金
本書では、モンブラン用、片口ムカデ（11mm、15mm）、丸型（10mm）の口金を使用しています。

⑮定規
ロールの巻き終わりに定規を当てて引き締め、巻きがゆるまないように使用します。

プレーン

シフォンロールケーキの基本中の基本。
材料も作成方法も、極限までシンプルなゆえに、
ごまかしのきかない贅沢な一品です。

basic | plain chiffon roll cake

基本のプレーンシフォンロールケーキ

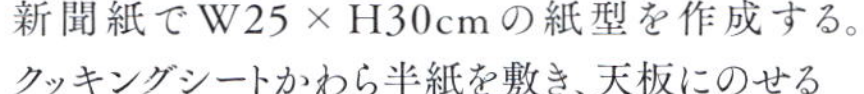

材料

［生地］
卵黄（L）… 4個分
菜種油 … 50cc
牛乳 … 60cc
薄力粉 … 70g

［メレンゲ］
卵白（L）… 4個分
グラニュー糖 … 60g

［クリーム］
生クリーム … 200cc
グラニュー糖 … 大さじ2

［シロップ］
上白糖 … 5g
お湯 … 10cc
ラム酒 … 小さじ1/2

下準備

- 新聞紙でW25×H30cmの紙型を作成する。クッキングシートかわら半紙を敷き、天板にのせる
- オーブンを180℃に予熱する（P.5参照／天板は予熱しない）
- グラニュー糖を一度ふるっておく
- 薄力粉は直前に、高い位置（胸の高さくらい）から二度ふるっておく（米粉はふるわない）
- 牛乳を人肌程度に温めておく
- シロップを作る
  容器に上白糖と人肌程度のお湯を入れⓐ、混ぜて上白糖が溶けたらラム酒を加えるⓑ。混ぜたら完成ⓒ

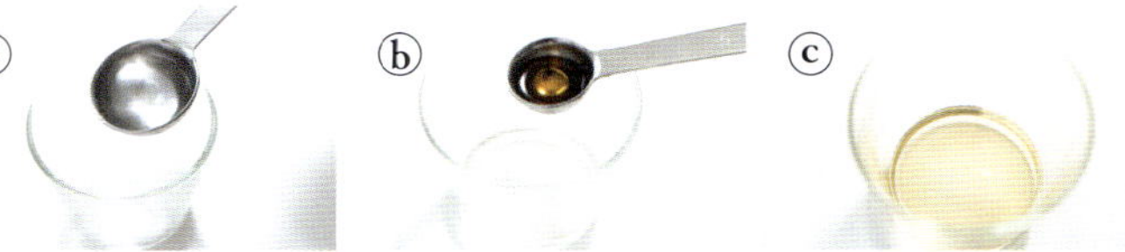

焼き時間

15分 シート焼き
25分 17cmシフォン型

型紙の作り方

自宅のオーブンや天板の大きさに合わせて作りましょう。繰り返し再利用できて便利です。

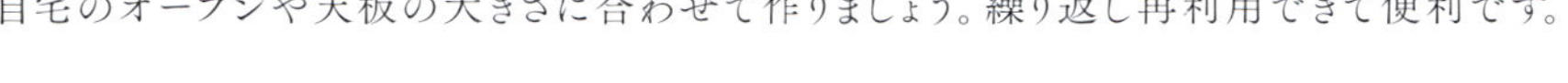

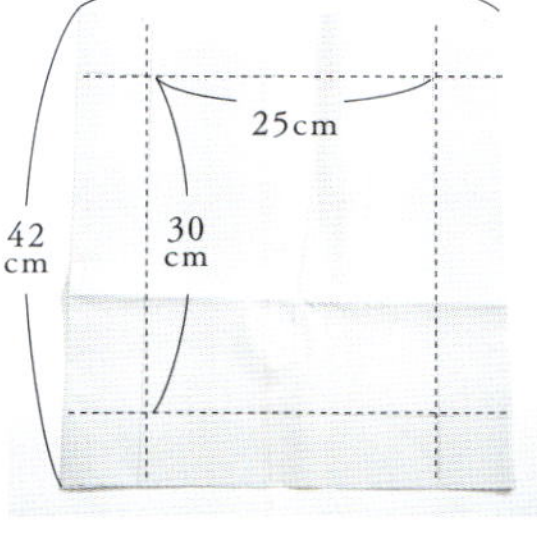

❶ 新聞紙を4～6枚重ねてW37×H42cmの大きさにカットする。底面がW25×H30cmになるよう、端から6cmの位置に写真のように線4本を引く。

❷ ①で引いた線に沿って、それぞれ内側に折り目をつける。

❸ ②で折った部分を半分に折り返す。

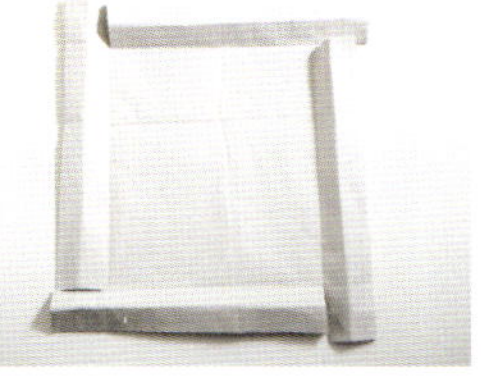

❹ 四隅を写真のように4ヶ所、ハサミで切り込みを入れる。

❺ 型の側面を立てるようにして、切り込み部分を交差させるように重ねる。

❻ ⑤で重ねた部分をホチキスで固定する。残りの3ヶ所も同様に行う。

❼ 完成した型（写真左）の大きさに合わせて、クッキングシートかわら半紙を用意する。四隅をカットし、四辺に折り目をつけて型紙の中に入れる。

本書でご紹介するシフォンロールケーキは、このレシピがすべての基本です。
まずは基本の工程やポイントを覚えましょう。

作り方

◎卵黄生地を作る

1 ボウル（大）に卵黄を入れ、ホイッパーで軽くほぐす。

2 菜種油を加え混ぜる。人肌程度に温めた牛乳を加え、混ぜる。

3 薄力粉を再度ふるいながら一度に加える。

4 ホイッパーで混ぜ、粉っぽさがなくなれば完成。

memo

粉にたっぷりの空気を含ませるのがおいしさのコツ

粉にたくさんの空気を含ませることが、ふんわりとしたシフォン生地を作るコツのひとつ。下準備で高めの位置から粉を二度ふるっておき、卵黄生地を作る工程でさらに粉をふるい入れることで、空気をたっぷり含ませましょう。

◎メレンゲを作る

5 ボウル（小）に卵白を入れ、ハンドミキサーの弱でこしを切るように混ぜてから強に切り替え、一気に混ぜる。
ボウルの下に塗れ布巾を敷くと混ぜやすい

6 全体に白い泡が立ってきたら、グラニュー糖1/2量を加えて泡立てる。

7 細かな泡が増えてきたら、残りのグラニュー糖も加える。

8 ボウルを斜めにして、力強く泡立て続ける。

9 手に生地の重みを感じ、つやがでたら完成。
泡が消えないよう、素早く次の工程へ

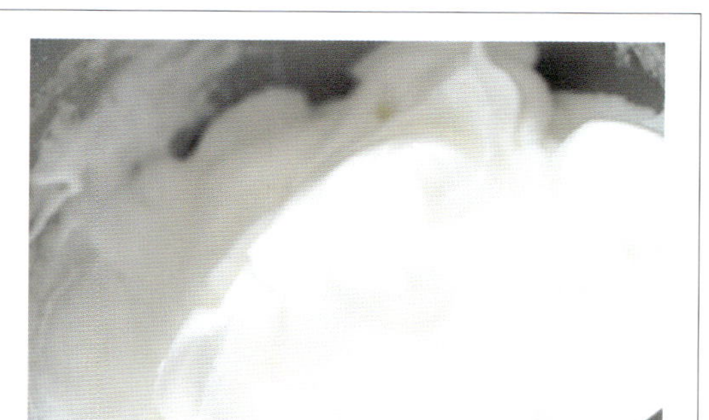

memo
こしのあるメレンゲは弾力のあるシフォン生地に仕上がります。ミキサーを力強く回しましょう。

◎卵黄生地とメレンゲを合わせる

10 卵黄生地の中にメレンゲの1/3量を加える。ホイッパーでダマがなくなるまでしっかりと混ぜる。

11 ボウルの底に卵黄の濃い生地が残らないよう、ゴムベラでもボウルの底をすくうように混ぜる。

12 残りのメレンゲも2回に分けて加え、ホイッパーで混ぜる。
都度メレンゲのダマがなくなれば、次に進んでOK。ダマが残っていると生地の穴あきの原因になる

13 ゴムベラに持ちかえて、卵黄生地が残らないよう再度ボウルの底を返しておく。
ダマがなくなったら必要以上に混ぜすぎない。時間をかけすぎると生地がだれて膨らまない原因になる

14 少し高めの位置から、型に生地を流し入れる。

15 型の四隅までカードで生地を流し入れ、表面を平らにならす。

◎焼く・巻く・仕上げ

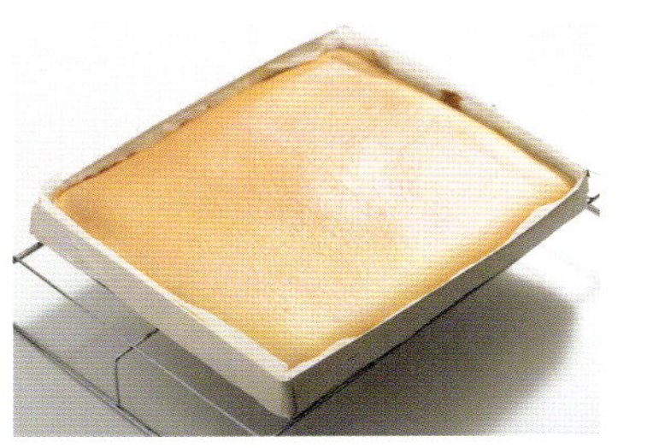

16 180℃に温めておいたオーブンで15分焼く。焼き上がったら、型のまま網の上で冷ます。

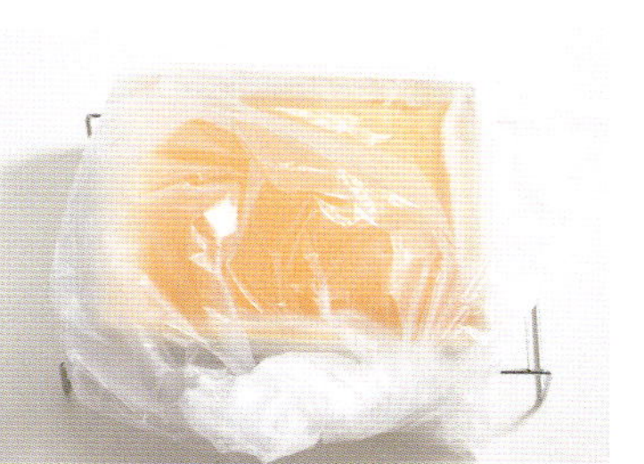

17 粗熱がとれたら、乾燥しないようポリ袋で包む。

乾燥を防ぐことで、生地のしっとり感を保つ

18 冷めたら型からクッキングシートのまま生地を外す。表面に別のシートを被せ、崩れないように裏返す。

19 クッキングシートを生地からやさしくはがす。はがしたクッキングシートを被せて、焼き目が表面になるよう、もう一度裏返す。

20 生地より一回り大きなクッキングシートの上に生地を移し、表面に刷毛でシロップを塗る。

21 あとで巻きやすいように、手前から3/4くらいまで端から2cm間隔で切り込みを入れる。

表面の薄皮が切れるくらいの厚さに。生地の下まで切らないよう注意

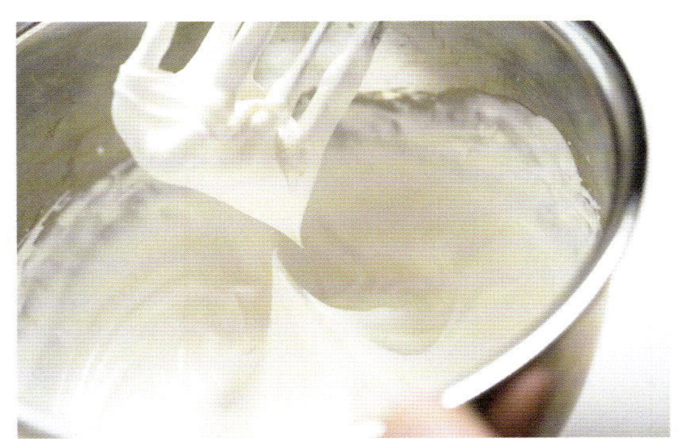

22 クリームの材料をボウルに入れ、ハンドミキサーで八分立てに泡立てる。

23 巻き終わりの2～3cmは薄めにして、全面にクリームを塗り広げる。

24 下に敷いたクッキングシートを手前から持ち上げ、巻き始めを軸になるように軽く押しかためる。

25 片手はクッキングシートを持ち上げ、もう一方の手で生地を支えながら巻いていく。

26 最初の形ができたら、紙を持ち上げるだけで自然にコロコロ巻ける。

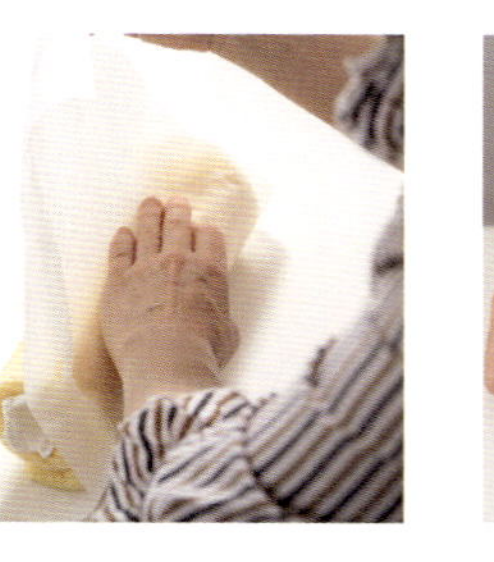

27 巻き終わりは手でしっかり巻く。

28 巻き終わりに定規をあて、下の紙をもう一方の手で押さえながら定規を生地側に押し、ロールを引き締める。

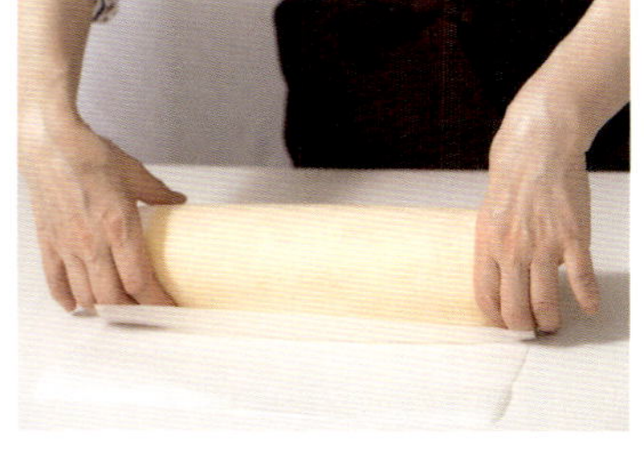

29 最後に、手で形を整える。

30 一度クッキングシートをはがし、両端にはみ出したクリームを整えます。

31 巻き終わりを下にしてクッキングシートを巻き、固定する。冷蔵庫で1時間以上休ませる。クッキングシートはテープがはがれがちなので、もう一枚紙を巻いてからテープで留めるとよい。一晩冷やすとよりカットしやすくなる

クリームをかえて楽しむ

基本のプレーンシフォンロールケーキを覚えたら、クリームの味をかえてみませんか。
その日の気分や好みによって、さまざまなおいしさを気軽に楽しめます。

紅茶クリーム

材料

生クリーム … 250cc
アールグレイ茶葉 … 小さじ1
グラニュー糖 … 大さじ2

作り方

生クリーム、アールグレイ茶葉を鍋に入れ、沸騰直前まで加熱したら、火を止めて3分放置する。茶こしでこしてボウルに移し、冷蔵庫で冷やす。冷えたらグラニュー糖を加え、八分立てに泡立てる。

キャラメルクリーム

材料

生クリーム … 200cc
キャラメル用グラニュー糖 … 20g
水 … 小さじ1
グラニュー糖 … 大さじ2

作り方

鍋にキャラメル用グラニュー糖と水を入れ、中火にかける。沸騰したらⓐ鍋を回し、茶色く色づいたらⓑ火を止める。人肌程度に温めた生クリームを少しずつ加え、ゴムベラで混ぜるⓒ。なめらかになったらボウルに移し、冷蔵庫で冷やしてからグラニュー糖を加え、八分立てに泡立てる。

コーヒークリーム

材料

生クリーム … 200cc
グラニュー糖 … 大さじ2
インスタントコーヒー … 大さじ1
水 … 大さじ1/2

作り方

生クリームにグラニュー糖、水で溶いたインスタントコーヒーを加え、八分立てに泡立てる。

チーズクリーム

材料

生クリーム … 160cc
クリームチーズ … 40g
グラニュー糖 … 大さじ2
レモン汁 … 小さじ1

作り方

クリームチーズを電子レンジで人肌程度に温める。ボウルに移し、グラニュー糖、レモン汁を加え、混ぜる。生クリームを少量ずつ加え、都度混ぜながら、八分立てに泡立てる。

ⓐ

ⓑ

ⓒ

クリームを半量にすると、ひとまわり小さな可愛いロールに仕上がります。

ジャムクリーム

材料

生クリーム … 100cc
お好みのジャム（写真はブルーベリージャム）
… 100g
グラニュー糖 … 適宜

作り方

ボウルに生クリーム、ジャムを入れ、八分立てに泡立てる。

memo

ジャムの甘さが足りない場合、お好みでグラニュー糖を加えましょう。

カスタードクリーム

材料

牛乳 … 150cc
卵黄 … 1個分
バター … 10g
上白糖 … 30g
薄力粉 … 20g
バニラビーンズ … 1/6本
洋酒（香り付け用）… 10cc

作り方

1 バニラビーンズのさやを縦に裂きⓐ、中の種をナイフの背でしごいて出すⓑ。牛乳、半量の上白糖、バニラビーンズを鍋に入れ、沸騰直前まで温めて火を止める。

2 ボウルに卵黄、残りの上白糖を入れ、ホイッパーで混ぜ、薄力粉をふるい入れて混ぜるⓒ。*1*の温めた牛乳を少しずつ加え混ぜるⓓ。

3 ストレーナー（ざる）を通して再度鍋に戻しⓔ、中火で煮あげる（焦げないようゴムベラで混ぜ続け、なめらかになればOKⓕ）。粗熱がとれたら、バター、洋酒を加え混ぜ、冷蔵庫で冷やす。

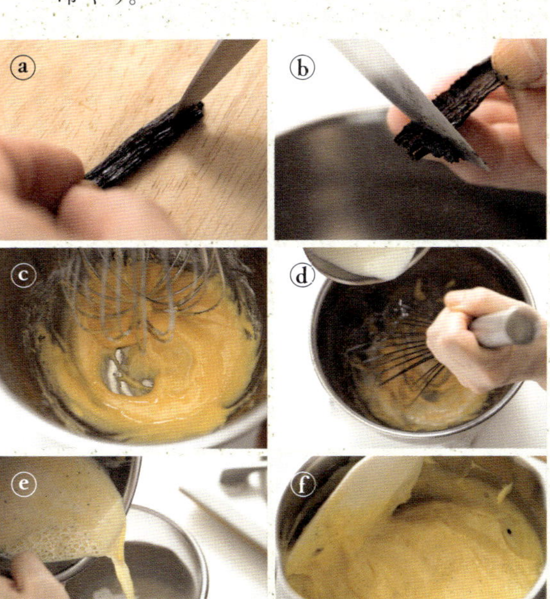

Part 1

生地をかえて楽しむ

ふわっふわな食感はそのままに、ハーブやスパイス、ナッツなどを加えて、新たな風味や食感が楽しめるシフォンロールケーキを紹介します。生地に柄を描いたり、生地に合わせてクリームの味もかえたり、見た目の違いも楽しめます。

紅茶

お好みの紅茶を生地に加えることで、格調高い香りを演出します。
茶葉そのものを入れるのもポイントです。

スパイス

キリッと刺激的なスパイスならではの香りとほのかな苦みが、
ホイップクリームの上品な甘さと好相性です。

きなこ

きなこの香ばしさと、生地に染み込んだ黒蜜は抜群の相性。
クリームは和三盆で上品に仕上げました。

黒ごま

香り高いペーストと空焼きした黒ごまをたっぷり投入。
黒ごま独特のコクと旨みを満喫できる一品です。

紅茶

材料

［生地］
卵黄（L）… 4個分
菜種油 … 50cc
紅茶液 … 50cc

［アールグレイの場合］
アールグレイ茶葉 … 大さじ1
水 … 90cc

［ロイヤルミルクティーの場合］
アッサム茶葉 … 大さじ1
牛乳 … 90cc

細かく砕いた茶葉
… ひとつまみ
薄力粉 … 80g

［メレンゲ］
卵白（L）… 4個分
グラニュー糖 … 70g

［クリーム］
生クリーム … 200cc
グラニュー糖 … 大さじ2

［シロップ］
上白糖 … 5g
お湯 … 10cc
コアントロー … 小さじ1/2

下準備

・基本のプレーンシフォンロールケーキ参照（P.12）
・紅茶液を作る
好みの茶葉と水（もしくは牛乳）を鍋に入れて火にかける。沸騰したら弱火で3分煮だし、茶こしで濾して50ccを量る。
・紅茶液と同じ茶葉をポリ袋に入れ、手でもんで細かく砕いておくⓐ

焼き時間

15分 シート焼き
27分 17cmシフォン型

ⓐ

作り方

1 P.13の要領で卵黄生地を作る。工程*2*で卵黄に菜種油を加えて混ぜたあと、牛乳の代わりに紅茶液と細かく砕いた茶葉を加え、混ぜ合わせる。薄力粉をふるいながら一度に加えて、ホイッパーで混ぜる。

2 P.14〜17の要領で生地を作り、仕上げまで行う。

スパイス

材料

［生地］
卵黄（L）… 4個分
菜種油 … 50cc
牛乳 … 60cc
薄力粉 … 70g
オールスパイス … 小さじ1/2
カルダモン … 小さじ1/2

［メレンゲ］
卵白（L）… 4個分
グラニュー糖 … 60g

［クリーム］
生クリーム … 200cc
グラニュー糖 … 大さじ2

［シロップ］
上白糖 … 5g
お湯 … 10cc
ラム酒 … 小さじ1/2

下準備

・基本のプレーンシフォンロールケーキ参照（P.12）

焼き時間

シート焼き　17cmシフォン型

作り方

1 P.13の要領で卵黄生地を作る。工程*3*で薄力粉をふるいながら一度に加えるときに、オールスパイスとカルダモンも一緒に加えて、粉っぽさがなくなるまで混ぜる。

2 P.14〜17の要領で生地を作り、仕上げまで行う。

きなこ

材料

［生地］
卵黄（L）… 4個分
菜種油 … 50cc
牛乳 … 60cc
薄力粉 … 70g
きなこ … 15g

［メレンゲ］
卵白（L）… 4個分
グラニュー糖 … 60g

［クリーム］
生クリーム … 200cc
和三盆 … 大さじ2

［シロップ］
黒蜜 … 30g

下準備

- 基本のプレーンシフォンロールケーキ参照（P.12）
- 薄力粉ときなこは合わせて、二度ふるっておく

焼き時間

15分 シート焼き

25分 17cmシフォン型

作り方

1 P.13～16の要領で生地を焼き、工程*19*のクッキングシートをはがすところまで行う。

2 生地の表面に黒蜜を刷毛で塗り、2cm間隔で切り込みを入れる。ボウルに生クリームと和三盆を入れ、八分立てに泡立てる。

3 巻き終わりの2～3cmは薄めにして、全面にクリームを塗り広げる。P.17の要領で仕上げる。

黒ごま

材料

［生地］
卵黄（L）… 4個分
菜種油 … 50cc
牛乳 … 50cc
黒ごまペースト … 20g
黒ごま … 大さじ1
薄力粉 … 75g

［メレンゲ］
卵白（L）… 4個分
グラニュー糖 … 65g

［クリーム］
生クリーム … 200cc
グラニュー糖
… 大さじ2

［シロップ］
上白糖 … 5g
お湯 … 10cc
ラム酒 … 小さじ1/2

下準備

- 基本のプレーンシフォンロールケーキ参照（P.12）
- オーブン用の耐熱容器に黒ごまを入れ、180℃のオーブンで3分空焼きするⓑ
（180℃で予熱するときに、オーブンに入れておけばOK）
- 牛乳、黒ごまペーストを人肌程度に温めておく

焼き時間

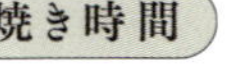
15分 シート焼き

25分 17cmシフォン型

ⓑ

作り方

1 P.13の要領で卵黄生地を作る。工程*2*で人肌程度に温めた牛乳と黒ごまペースト、空焼きした黒ごまを加え、混ぜる。薄力粉をふるいながら一度に加え、ホイッパーで粉っぽさがなくなるまで混ぜる。

2 P.14～17の要領で生地を作り、仕上げまで行う。

ハーブ

お茶にしても香り高いミックスハーブを使用しました。
シフォンとハーブはミスマッチのようで相性抜群のさわやかなお味です。

キャラメル

キャラメルの香しさが部屋に漂うのは至福のひととき。
ほろ苦さとクリームの甘さが絶妙な一品です。

くるみ

ローストしたくるみを入れ込みました。
香ばしさが口いっぱいに広がるナッツ好きにはたまらないおいしさです。

えごま

健康食品でα-リノレン酸たっぷりのえごま。
大ファンがいるほどプチプチ感がくせになる食感です。

ハーブ

材料

［生地］
卵黄（L）… 4個分
菜種油 … 50cc
ハーブ液 … 60cc
　ミックスハーブ茶葉 … 大さじ1
　水 … 80cc
細かく砕いた茶葉 … 小さじ1
薄力粉 … 70g

［メレンゲ］
卵白（L）… 4個分
グラニュー糖 … 60g

［クリーム］
生クリーム … 200cc
グラニュー糖 … 大さじ2

［シロップ］
上白糖 … 5g
お湯 … 10cc
コアントロー … 小さじ1/2

下準備

- 基本のプレーンシフォンロールケーキ参照（P.12）
- ハーブ液を作る
  ミックスハーブ茶葉と水を鍋に入れ、火にかける。沸騰したら弱火で3分煮だし、茶こしで濾し60ccを量る
- ミックスハーブ茶葉をポリ袋に入れ、手でもんで細かく砕いておくⓐ
  ＊写真は、ラベンダー、ミント、矢車草、ローズ、タイムなどがブレンドされたものを使用

焼き時間

シート焼き　17cmシフォン型

作り方

1 P.13の要領で卵黄生地を作る。工程*2*で卵黄に菜種油を加えて混ぜたあと、牛乳の代わりにハーブ液と細かく砕いた茶葉を加え、混ぜ合わせる。薄力粉をふるいながら一度に加えて、ホイッパーで混ぜる。

2 P.14～17の要領で生地を作り、仕上げまで行う。

キャラメル

材料

［生地］
卵黄（L）… 4個分
菜種油 … 50cc
キャラメル液 … 60cc
　上白糖 … 40g
　水 … 大さじ1弱
　熱湯 … 60cc
薄力粉 … 70g

［メレンゲ］
卵白（L）… 4個分
グラニュー糖 … 60g

［クリーム］
生クリーム … 200cc
グラニュー糖 … 大さじ2

［シロップ］
上白糖 … 5g
お湯 … 10cc
ラム酒 … 小さじ1/2

下準備

- 基本のプレーンシフォンロールケーキ参照（P.12）
- キャラメル液を作る
  鍋に上白糖と水を入れ中火にかける。ときどき鍋を回して、濃い焦げ色がついてきたらⓑ火から下ろし、熱湯を少しずつ加える（はねるので注意）。分量のキャラメル液を計量する

焼き時間

シート焼き　17cmシフォン型

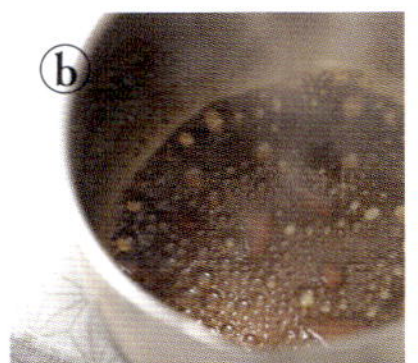

作り方

1 P.13の要領で卵黄生地を作る。工程*2*で卵黄に菜種油を加えて混ぜたあと、牛乳の代わりにキャラメル液を加え、混ぜ合わせる。薄力粉をふるいながら一度に加えて、ホイッパーで混ぜる。

2 P.14～17の要領で生地を作り、仕上げまで行う。

くるみ

材料

［生地］
卵黄（L）… 4個分
菜種油 … 50cc
牛乳 … 60cc
薄力粉 … 50g
クルミパウダー … 30g
くるみ … 20g

［メレンゲ］
卵白（L）… 4個分
グラニュー糖 … 60g

［クリーム］
生クリーム … 200cc
グラニュー糖 … 大さじ2

［シロップ］
上白糖 … 5g
お湯 … 10cc
ラム酒 … 小さじ1/2

下準備

- 基本のプレーンシフォンロールケーキ参照（P.12）
- 薄力粉とクルミパウダーは合わせて、二度ふるっておく
- クッキングシートにくるみを並べ、180℃のオーブンで8分空焼きしⓒ、適当な大きさに手で砕いておく（180℃で予熱するときに、オーブンに入れておけばOK）

焼き時間

シート焼き　17cmシフォン型

作り方

1. P.13～15の要領で卵黄生地とメレンゲを作り、合わせる。工程***13***で仕上げにくるみを投入し、ゴムベラでさっくりと混ぜる。少し高めの位置から、型に生地を流し入れる。型の四隅までカードで生地を流し入れ、表面を平らにならす。
2. P.16～17の要領で生地を作り、仕上げまで行う。

えごま

材料

［生地］
卵黄（L）… 4個分
菜種油 … 50cc
牛乳 … 60cc
えごま … 12g
薄力粉 … 70g

［メレンゲ］
卵白（L）… 4個分
グラニュー糖 … 60g

［クリーム］
生クリーム … 200cc
グラニュー糖 … 大さじ2

［シロップ］
上白糖 … 5g
お湯 … 10cc
ラム酒 … 小さじ1/2

下準備

- 基本のプレーンシフォンロールケーキ参照（P.12）
- 小さな耐熱容器にえごまを入れ、180℃のオーブンで5分空焼きするⓓ（180℃で予熱するときに、オーブンに入れておけばOK）

焼き時間

シート焼き　17cmシフォン型

作り方

1. P.13の要領で卵黄生地を作る。工程***2***で菜種油と、温めた牛乳を加え混ぜたあと、空焼きしたえごまを加える。軽く混ぜ合わせたら、薄力粉をふるいながら一度に加え、ホイッパーで混ぜる。
2. P.14～17の要領で生地を作り、仕上げまで行う。

抹茶&小豆

抹茶ならではの深く渋みのある風味が、
小豆の上品な甘さとちょうどいいバランス。

抹茶マーブル

生地とクリームの両方に抹茶を入れた
抹茶好きにはたまらない逸品。
たおやかなマーブル模様でおしゃれに。

抹茶&小豆

材料

［生地］
卵黄（L）… 4個分
菜種油 … 50cc
牛乳 … 60cc
薄力粉 … 70g
抹茶 … 10g

［メレンゲ］
卵白（L）… 4個分
グラニュー糖 … 60g

［クリーム］
生クリーム … 200cc
小倉あん … 120g

［シロップ］
上白糖 … 5g
お湯 … 10cc
ラム酒 … 小さじ1/2

下準備

・基本のプレーンシフォンロールケーキ参照（P.12）
・薄力粉と抹茶は合わせて、直前に高い位置から二度ふるっておく

焼き時間

シート焼き　17cmシフォン型

作り方

1 P.13～16の要領で生地を作る。工程***22***で生クリームだけで八分立てに泡立てる。巻き終わりの2～3cmは薄めにして、生地の全面にクリームを塗り広げる。

2 小倉あんを10mm丸型の口金を付けた絞り出し袋に入れ、手前側から5cm間隔に1本ずつ絞り出すⓐ。P.17の要領で仕上げる。

抹茶マーブル

材料

［生地］
卵黄（L）… 4個分
菜種油 … 50cc
牛乳 … 60cc
薄力粉 … 70g
抹茶 … 大さじ1
水 … 大さじ1

［メレンゲ］
卵白（L）… 4個分
グラニュー糖 … 70g

［クリーム］
生クリーム … 200cc
グラニュー糖 … 大さじ3
抹茶 … 大さじ1
水 … 大さじ1

［シロップ］
上白糖 … 5g
お湯 … 10cc
コアントロー … 小さじ1/2

下準備

・基本のプレーンシフォンロールケーキ参照（P.12）
・抹茶を生地用・クリーム用それぞれ分量の水で溶いておく

焼き時間

シート焼き　17cmシフォン型

作り方

1 P.13～15の要領で生地を作る。工程***13***で完成した生地の1/2量を別のボウルに取り分け、溶いた抹茶（生地用）を加えるⓑ。ホイッパーで混ぜたら、もとの生地に戻し、ゴムベラでさっくりとマーブル模様になるように混ぜるⓒ。工程***14～21***の要領で生地を作る。

2 生クリームにグラニュー糖、溶いた抹茶（クリーム用）を加え、八分立てに泡立てる。巻き終わりの2～3cmは薄めにして、生地の全面にクリームを塗り広げる。P.17の要領で仕上げる。

桜 ／ 桜餡クリーム

春の香り満載の一品。桜餡はたっぷりのクリームの上に、贅沢に太く絞るのがおすすめです。

材料

［生地］
卵黄（L）… 4個分
菜種油 … 50cc
牛乳 … 60cc
桜の花の塩漬け … 12g
薄力粉 … 70g

［メレンゲ］
卵白（L）… 4個分
グラニュー糖 … 60g

［クリーム］
生クリーム … 200cc
桜餡 … 120g

［シロップ］
上白糖 … 5g
お湯 … 10cc
キルッシュワッサー … 小さじ1/2

桜の花の塩漬け（トッピング用）… 適量

下準備

- 基本のプレーンシフォンロールケーキ参照（P.12）
- 生地用の桜の花の塩漬けは、水で洗い水気を切ったら、粗く刻んでおくⓐ
- トッピング用の桜の塩漬けは、水につけて塩抜きをし、水気をペーパーで取っておく
- 桜餡は、絞り出し袋へ入れておく（口金は不要、先を3.5cmほどにカットして使う）

焼き時間

シート焼き　17cmシフォン型

作り方

1 P.13の要領で卵黄生地を作る。工程**2**で牛乳を混ぜたあとに、刻んでおいた桜の花の塩漬けも加える。軽く混ぜ合わせたら、薄力粉をふるいながら一度に加え、ホイッパーで混ぜる。

2 P.14～15の要領で生地を作る。工程**13**で生地ができたら型に敷いたクッキングシートの上にトッピング用の桜の花を生地の向こう側3/4くらいに配置しⓑ、上から生地を流し入れる。

3 工程**15～21**の要領で生地を焼き、クリームを塗り広げる。桜餡を真ん中より手前側に一本絞り出すⓒ。

4 P.17の要領で仕上げる。

1926

チーズ ／ ストロベリークリーム

華やかないちごの風味と濃厚なチーズが絶妙なハーモニー。
冷凍後、半解凍して召し上がっても絶品です。

材料

［生地］
クリームチーズ … 55g
サワークリーム … 50g
牛乳 … 35cc
菜種油 … 50cc
卵黄（L） … 4個分
薄力粉 … 70g

［メレンゲ］
卵白（L） … 4個分
グラニュー糖 … 60g

［クリーム］
生クリーム … 150cc
グラニュー糖 … 大さじ2
ストロベリーピューレ … 50g

［シロップ］
上白糖 … 5g
お湯 … 10cc
キルッシュワッサー … 小さじ1/2

下準備

- 基本のプレーンシフォンロールケーキ参照（P.12）
- クリームチーズ、サワークリーム、牛乳、菜種油をそれぞれ小さめの耐熱容器に入れ、電子レンジで人肌より少し高い温度に温める。

焼き時間

シート焼き　17cmシフォン型

作り方

1 ボウルにクリームチーズを入れ、なじませたらサワークリームを加え、均一になめらかになるまで混ぜる。牛乳、菜種油、卵黄の順に材料をひとつずつ加え、都度混ぜていく。薄力粉をふるいながら一度に加え、ホイッパーで粉っぽさがなくなるまで混ぜる。メレンゲが完成するまでボウルごと人肌程度の湯煎にかけておく（ⓐ／底が煮えないよう、途中で底を何度か混ぜる）。

2 P.14の要領でメレンゲを作り、P.15～16の要領で*1*と合わせて生地を作り、焼く。

3 工程*22*でボウルに生クリーム、グラニュー糖、ストロベリーピューレを入れ、八分立てに泡立てる。生地に塗り広げたら、P.17の要領で仕上げる。

ドット柄

焼くとさまざまな表情を見せる、かわいらしいドット柄。
大きさを変えたり、ハート柄にしたりお好みで描いてみてください。

材料

［生地］
卵黄（L）… 4個分
菜種油 … 50cc
牛乳 … 60cc
薄力粉 … 70g

★ フランボワーズピューレ … 適量（5g程度）

★ 抹茶 … 小さじ1/2程度
　水 … 小さじ1程度

＊作りたい味によって、★のどちらかを使用する

［メレンゲ］
卵白（L）… 4個分
グラニュー糖 … 60g

［クリーム］
生クリーム … 200cc
グラニュー糖 … 大さじ2

［シロップ］
上白糖 … 5g
お湯 … 10cc
ラム酒 … 小さじ1/2

作り方

1 P.13～15の要領で生地を作る。

2 工程13で完成した生地を少量取り、フランボワーズピューレと混ぜⓐ、10mm丸型の口金を付けた絞り出し袋に入れる。好みの柄を下書きした用紙をクッキングシートの下に敷き、絞り出し袋をギューッと押すようにしてドット柄を描くⓑ。その上に重ねるようにプレーン生地を流し入れるⓒ。型の四隅までカードで生地を流し入れ、表面を平らにならす。

＊抹茶の場合は、フランボワーズピューレの代わりに水で溶いた抹茶を混ぜる

＊途中でフランボワーズもしくは抹茶の生地がなくなった場合に備えて、中央部分から絞るとよい

3 P.16～17の要領で生地を焼き、仕上げる。

ⓐ

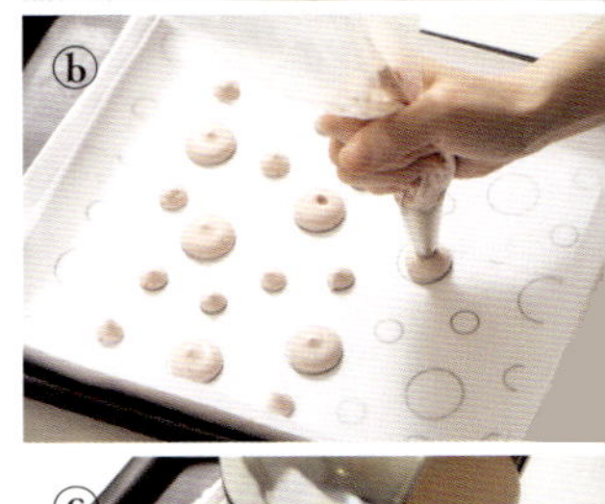
ⓑ

ⓒ

下準備

・基本のプレーンシフォンロールケーキ参照（P.12）

焼き時間

15分　シート焼き
25分　17cmシフォン型

シフォンロールケーキの保存と食べ方

食べきれないとき、すぐに食べないときは、シフォンロールケーキを保存することができます。
ここでは保存方法と食べ方を見ていきましょう。

保存方法

生のくだものが入っていない、作りたてのシフォンロールケーキは、冷凍で保存が可能です。また、カットした状態でも、1本のままでもOK。ひとつずつラップに包み、冷凍の場合はジッパー付きの保存袋に入れましょう。

保存の目安

・冷凍保存 … 約1ヵ月間
・冷蔵保存 … 2～3日間

解凍方法 & おすすめアイデア

食べる前日に冷蔵庫へ移動させて解凍します。または、半解凍のままアイスケーキとして食べるのもおすすめです。おもたせにするときは冷凍しておき、持っていく道中で自然解凍させるのも◎。

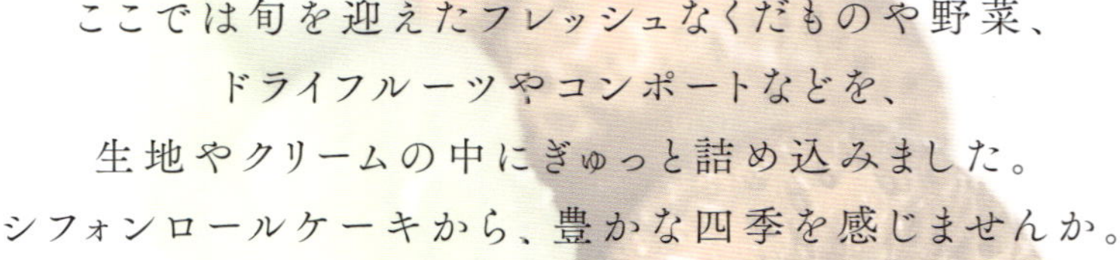

Part 2

くだものや野菜を加えて楽しむ

ここでは旬を迎えたフレッシュなくだものや野菜、
ドライフルーツやコンポートなどを、
生地やクリームの中にぎゅっと詰め込みました。
シフォンロールケーキから、豊かな四季を感じませんか。

フルーツ

みずみずしい旬のフルーツをたっぷり詰め込んでみました。
いちじくや桃、ラ・フランスなどお好みのくだものでも。

材料

［生地］
卵黄（L）… 4個分
菜種油 … 50cc
牛乳 … 60cc
薄力粉 … 70g

［メレンゲ］
卵白（L）… 4個分
グラニュー糖 … 60g

［クリーム］
生クリーム … 200cc
グラニュー糖 … 大さじ2

［シロップ］
上白糖 … 5g
お湯 … 10cc
コアントロー … 小さじ1/2

いちご、キウイ … 各適量

下準備

- 基本のプレーンシフォンロールケーキ参照（P.12）
- いちごはヘタとお尻を切り落とす。キウイは皮をむいて一口大に切る（写真は8等分のくし切り）

焼き時間

15分　シート焼き
25分　17cmシフォン型

作り方

1 P.13～16の要領で生地を作る。クリームを八分立てに泡立てたら、生地にクリームの8割程を塗り広げる。

2 カットしておいたいちごとキウイを生地の半分より手前側に一列にすき間なく並べ、半端に残った分は生地全体に散らす。***1***で残しておいたクリームをその上に塗り、いちごとキウイが動かないよう塗りかためる。P.17の要領で仕上げる。

ゴロゴロした具材を巻くときは上からクリームを塗り、固定しておくと巻きやすくなる

チョコ&バナナ

チョコレートとココアのほろ苦さにバナナの甘さがベストマッチ。
万人に好まれるロールケーキの王道です。

材料

［生地］
菜種油 … 50cc
牛乳 … 60cc
チョコレート … 15g
卵黄（L）… 4個分
薄力粉 … 45g
ココアパウダー … 15g

［メレンゲ］
卵白（L）… 4個分
グラニュー糖 … 65g

［クリーム］
生クリーム … 200cc
グラニュー糖 … 大さじ2

［シロップ］
上白糖 … 5g
お湯 … 10cc
コアントロー … 小さじ1/2

完熟バナナ … 1.5本

下準備

- 基本のプレーンシフォンロールケーキ参照（P.12）
- 薄力粉とココアパウダーは合わせて、直前に高い位置から二度ふるっておく
- チョコレートは湯煎で、牛乳、菜種油はそれぞれ耐熱容器に入れ、電子レンジで触れて熱いと感じるくらい熱めに温めておく

焼き時間

15分 シート焼き　25分 17cmシフォン型

作り方

1　卵黄生地を作る。ボウルに菜種油を入れ、牛乳、チョコレート、卵黄の順に材料をひとつずつ加えながら都度均一になるまでホイッパーで混ぜる。薄力粉とココアパウダーをふるいながら一度に加えⓐ、ホイッパーで粉っぽさがなくなるまで混ぜるⓑ。

2　*1*をメレンゲが完成するまでボウルごと人肌程度の湯煎にかけておく（底が煮えないよう途中で底を何度か混ぜる）。P.14～16の要領で生地を作り、クリームを塗り広げる。

3　バナナに切り込みを入れ真っ直ぐに伸ばすⓒ。切り込みを下にしてバナナを半分より手前側に置くⓓ。P.17の要領で仕上げる。

バナナは1本で固定するため、P.44「フルーツ」のようにクリームで上から塗り固めなくてOK ⓔ

ⓐ

ライム＆ポピーシード

ライムのさわやかさとポピーシードの
プチプチ感が口の中で弾けます。
豊かなハーモニーを楽しんでください。

シナモン＆りんご

秋の夜長、紅玉りんごの酸味と
シナモンのスパイシーな香りは、
ほっこり癒されるひとときです。

マンゴー＆ヨーグルト

ヨーグルトとマンゴーでおもいっきり
さわやかに夏を演出してみました。
フルーティーな味わいが口いっぱいに広がります。

ライム＆ポピーシード

材料

［生地］
卵黄（L）… 4個分
菜種油 … 50cc
ライム果汁1/2個分
　＋水 … 60cc
ライムの皮 … 1/2個分
ブルーポピーシード
　… 小さじ1
薄力粉 … 70g

［メレンゲ］
卵白（L）… 4個分
グラニュー糖 … 60g

［クリーム］
生クリーム … 200cc
グラニュー糖 … 大さじ2

［シロップ］
上白糖 … 5g
お湯 … 10cc
コアントロー
　… 小さじ1/2

下準備

・基本のプレーンシフォンロールケーキ参照（P.12）
・ライムは表面の皮をすりおろし、果汁を絞り、水を加えて、60ccになるように計量しておく

焼き時間

15分
シート焼き

17cmシフォン型

作り方

1 P.13の要領で卵黄生地を作る。工程*2*で卵黄に菜種油を加えて混ぜたあと、牛乳の代わりに合わせておいたライム果汁と水、ライムの皮、ブルーポピーシードを加え、混ぜ合わせる。薄力粉をふるいながら一度に加えて、ホイッパーで混ぜる。

2 P.14〜17の要領で生地を作り、仕上げまで行う。

マンゴー＆ヨーグルト

材料

［生地］
卵黄（L）… 4個分
菜種油 … 50cc
プレーンヨーグルト
　… 85g
薄力粉 … 70g
ドライマンゴー … 35g

［メレンゲ］
卵白（L）… 4個分
グラニュー糖 … 70g

［クリーム］
生クリーム … 150cc
グラニュー糖
　… 大さじ1.5
マンゴーピューレ … 50g

［シロップ］
上白糖 … 5g
お湯 … 10cc
コアントロー
　… 小さじ1/2

下準備

・基本のプレーンシフォンロールケーキ参照（P.12）
・ドライマンゴーは刻んでおくⓐ
・ヨーグルトは耐熱容器に入れ、電子レンジで熱し、人肌程度に温める

焼き時間

15分
シート焼き

17cmシフォン型

ⓐ

作り方

1 P.13の要領で卵黄生地を作る。工程*2*で卵黄に菜種油を加えて混ぜたあと、牛乳の代わりに温めたヨーグルトを加え、混ぜ合わせる。薄力粉をふるいながら一度に加えて、ホイッパーで混ぜる。

2 P.14〜15の要領で生地を作る。工程*13*で生地が完成したら、刻んだドライマンゴーを加え、さっくりと混ぜる。工程*14〜21*の要領で生地を焼く。

2 工程*22*でボウルに生クリームとグラニュー糖、マンゴーピューレを入れ、八分立てに泡立てる。これを生地に塗り広げたら、P.17の要領で仕上げる。

シナモン&りんご

材料

［生地］
卵黄（L）… 4個分
菜種油 … 50cc
牛乳 … 60cc
薄力粉 … 70g
シナモンパウダー … 小さじ1

［コンポート］
りんご（正味）…200g
りんごは酸味があり、煮くずれしない紅玉がおすすめ
レモン果汁 … 1/2個分
グラニュー糖 … 大さじ2

［メレンゲ］
卵白（L）… 4個分
グラニュー糖 … 60g

［クリーム］
生クリーム … 200cc
グラニュー糖 … 大さじ2

［シロップ］
上白糖 … 5g
お湯 … 10cc
ラム酒 … 小さじ1/2

下準備

- 基本のプレーンシフォンロールケーキ参照（P.12）
- 薄力粉とシナモンパウダーは合わせて、直前に高い位置から二度ふるっておく
- りんごは皮をむき、くし形にカットする。レモン果汁、グラニュー糖とともに鍋に入れ、中火で水分がなくなるまでサッと火を通しておくⓐ

焼き時間

15分 シート焼き
26分 17cmシフォン型

作り方

1 P.13〜16の要領で生地を作る。クリームを八分立てに泡立てたら、生地にクリームの8割程を塗り広げる。

2 火を通しておいたりんごを、生地の半分より手前側に一列に並べるⓑ。*1*で残しておいたクリームをその上に塗り、りんごが動かないよう塗りかためるⓒ。

ゴロゴロした具材を巻くときは上からクリームを塗り、固定しておくと巻きやすくなる

3 P.17の要領で仕上げる。

とうもろこし

とうもろこしの自然な甘みをコーンフラワーの素朴な生地と合わせました。朝食代わりにもなるロールケーキです。

かぼちゃ

豊かな甘みを蓄えたかぼちゃ。皮までたっぷり入れつつ、口どけよく、やさしい味わいに仕上げました。

さつま芋とごま

ほくほくのさつま芋と香ばしい
炒りごまに秋の訪れを感じます。
お好みで皮も入れるとアクセントに。

とうもろこし

材料

［生地］
卵黄（L）… 4個分
菜種油 … 50cc
牛乳 … 60cc
茹でとうもろこし
… 50g（約1/4本）
コーンフラワー … 70g

［メレンゲ］
卵白（L）… 4個分
グラニュー糖 … 70g

［クリーム］
生クリーム … 200cc
グラニュー糖 … 大さじ2

［シロップ］
上白糖 … 5g
お湯 … 10cc
ラム酒 … 小さじ1/2

下準備

- 基本のプレーンシフォンロールケーキ参照（P.12）
- とうもろこしは茹でて実をそぎ落とし、分量を計量しておく

焼き時間

シート焼き　17cmシフォン型

作り方

1. P.13の要領で卵黄生地を作る。工程*2*で卵黄に菜種油を加えて混ぜたあと、牛乳と一緒にとうもろこしを加え、混ぜ合わせる。コーンフラワーをふるいながら一度に加えて、ホイッパーで混ぜる。
2. P.14〜17の要領で生地を作り、仕上げまで行う。

かぼちゃ

材料

［生地］
卵黄（L）… 4個分
菜種油 … 50cc
牛乳 … 25cc
かぼちゃの皮 … 適量
かぼちゃ（正味）… 70g
薄力粉 … 75g

［メレンゲ］
卵白（L）… 4個分
グラニュー糖 … 65g

［クリーム］
生クリーム … 160cc
グラニュー糖
… 大さじ2
かぼちゃの裏ごし
… 50g

［シロップ］
上白糖 … 5g
お湯 … 10cc
ラム酒 … 小さじ1/2

下準備

- 基本のプレーンシフォンロールケーキ参照（P.12）
- かぼちゃは蒸すか、電子レンジで加熱する。皮をむき、生地に使う分はフォークでつぶしておく（70g）ⓐ。クリームに混ぜる分は裏ごししておく（50g）。皮は包丁で刻んでおく

焼き時間

15分　25分

シート焼き　17cmシフォン型

作り方

1. P.13の要領で卵黄生地を作る。工程*2*で卵黄に菜種油を加えて混ぜたあと、牛乳と一緒に生地用のかぼちゃを加え、混ぜ合わせる。薄力粉をふるいながら一度に加えて、ホイッパーで混ぜる。
2. P.14〜15の要領で生地を作る。工程*13*で生地が完成したら、刻んでおいたかぼちゃの皮を加え、さっくりと混ぜる。工程*14〜21*の要領で生地を焼く。
3. 工程*22*でボウルに生クリームとグラニュー糖、かぼちゃの裏ごしを入れ、八分立てに泡立てる。これを生地に塗り広げたら、P.17の要領で仕上げる。

さつま芋とごま

材料

［生地］
卵黄（L）… 4個分
菜種油 … 50cc
牛乳 … 40cc
さつま芋（正味）… 70g
炒りごま … 小さじ1/2
薄力粉 … 70g

［メレンゲ］
卵白（L）… 4個分
グラニュー糖 … 65g

［クリーム］
生クリーム … 200cc
グラニュー糖 … 大さじ2

［シロップ］
上白糖 … 5g
お湯 … 10cc
ラム酒 … 小さじ1/2

下準備

- 基本のプレーンシフォンロールケーキ参照（P.12）
- さつま芋は蒸すか、電子レンジで加熱する。分量を量り、フォークでつぶしておくⓐ。皮を入れ込む場合は、包丁で少量を適宜カットしておく

焼き時間

シート焼き

17cmシフォン型

ⓐ

作り方

1 P.13の要領で卵黄生地を作る。工程2で卵黄に菜種油を加えて混ぜたあと、牛乳と一緒にさつま芋（お好みで刻んだ皮も）、炒りごまを加え、混ぜ合わせる。薄力粉をふるいながら一度に加えて、ホイッパーで混ぜる。

2 P.14～17の要領で生地を作り、仕上げまで行う。

にんじん／ほうれん草クリーム

野菜本来のもつ鮮やかさが目に飛び込んできます。
お子さんにも味わっていただきたいやさしいお味です。

材料

［生地］
卵黄（L）… 4個分
菜種油 … 50cc
牛乳 … 15cc
すりおろしにんじん（正味）… 70g
薄力粉 … 80g

［メレンゲ］
卵白（L）… 4個分
グラニュー糖 … 65g

［クリーム］
生クリーム … 180cc
グラニュー糖 … 大さじ2
茹でほうれん草 … 30g

［シロップ］
上白糖 … 5g
お湯 … 10cc
コアントロー … 小さじ1/2

下準備

- 基本のプレーンシフォンロールケーキ参照（P.12）
- にんじんは皮をむき、生のまますりおろして、600Wの電子レンジで1分加熱する
- ほうれん草は塩茹でして水気をしぼり、包丁で細かく刻み、すり鉢で細かくするⓐ

焼き時間

シート焼き

17cmシフォン型

作り方

1 P.13の要領で卵黄生地を作る。工程2で卵黄に菜種油を加えて混ぜたあと、牛乳と一緒にすりおろしたにんじんを加え、混ぜ合わせる。薄力粉をふるいながら一度に加えて、ホイッパーで混ぜる。

2 P.14～16の要領で生地を作る。工程22でボウルに生クリームとグラニュー糖、ほうれん草を入れ、八分立てに泡立てる。これを生地に塗り広げたら、P.17の要領で仕上げる。

ⓐ

ほうじ茶＆びわ

ほうじ茶のすっきりとした香ばしさと
びわのやさしい甘みにほっこり。
あなただけの至福のひとときを。

よもぎ／あずきクリーム

春の息吹を感じるよもぎにあずきを加えました。
和のテイストと季節感をおもいっきり味わってください。

ほうじ茶&びわ

材料

［生地］
卵黄（L）… 4個分
菜種油 … 50cc
ほうじ茶液 … 60cc
　ほうじ茶茶葉 … 大さじ2
　水 … 100cc
細かく砕いたほうじ茶茶葉
　… 小さじ1
薄力粉 … 70g

［メレンゲ］
卵白（L）… 4個分
グラニュー糖 … 65g

［クリーム］
生クリーム … 200cc
グラニュー糖 … 大さじ2

［シロップ］
上白糖 … 5g
お湯 … 10cc
コアントロー … 小さじ1/2

びわ … 適量

下準備

- 基本のプレーンシフォンロールケーキ参照（P.12）
- ほうじ茶液を作る
  ほうじ茶茶葉と水を鍋に入れ、火にかける。沸騰したら火を止め、3分後に茶こしで濾して60ccを量る
- ほうじ茶茶葉をポリ袋に入れて手でもみ、細かく砕いておくⓐ
- びわは適宜カットする

焼き時間

シート焼き　17cmシフォン型

作り方

1 P.13の要領で卵黄生地を作る。工程**2**で卵黄に菜種油を加えて混ぜたあと、牛乳の代わりにほうじ茶液、細かく砕いたほうじ茶茶葉を加え、混ぜ合わせる。薄力粉をふるいながら一度に加えて、ホイッパーで混ぜる。

2 P.14～16の要領で生地を作り、クリームを塗り広げる。カットしておいたびわを散らし、P.17の要領で仕上げる。

ⓐ

よもぎ／あずきクリーム

材料

［生地］
卵黄（L）… 4個分
菜種油 … 50cc
牛乳 … 35cc
よもぎ（正味）… 25g
薄力粉 … 70g
塩 … ひとつまみ
＊生のよもぎがない場合、「よもぎパウダー」で代用可。下記の分量を混ぜ合わせる
牛乳 … 60cc、よもぎパウダー … 10g

［メレンゲ］
卵白（L）… 4個分
グラニュー糖 … 60g

［クリーム］
生クリーム … 140cc
茹であずき … 60g
グラニュー糖 … 大さじ1

［シロップ］
上白糖 … 5g
お湯 … 10cc
コアントロー … 小さじ1/2

下準備

- 基本のプレーンシフォンロールケーキ参照（P.12）
- 薄力粉と塩は合わせて二度ふるっておく
- よもぎは茹でて、細かく刻んでおくⓐ

焼き時間

シート焼き

17cmシフォン型

作り方

1 P.13の要領で卵黄生地を作る。工程**2**で卵黄に菜種油を加えて混ぜたあと、牛乳と一緒によもぎも加え、混ぜ合わせる。薄力粉をふるいながら一度に加えて、ホイッパーで混ぜる。

2 P.14～16の要領で生地を作る。工程**22**でボウルに生クリームとグラニュー糖、茹であずきを入れ、八分立てに泡立てる。これを生地に塗り広げたら、P.17の要領で仕上げる。

ⓐ

りんご／はちみつクリーム

旬の紅玉と出合ったら、ぜひ作ってほしい一品。
はちみつが入った濃厚でコクのあるクリームはあとを引くおいしさです。

材料

［生地］
卵黄（L）… 4個分
菜種油 … 50cc
すりおろしりんご … 60g
レモン果汁 … 1/4個分
薄力粉 … 75g

［コンポート］
りんご（正味）… 60g
グラニュー糖 … 5g
レモン果汁 … 1/4個分
薄力粉（コンポートにまぶす用）… 適量

［メレンゲ］
卵白（L）… 4個分
グラニュー糖 … 60g

［クリーム］
生クリーム … 200cc
はちみつ … 大さじ2

［シロップ］
上白糖 … 5g
お湯 … 10cc
ラム酒 … 小さじ1/2

下準備

- 基本のプレーンシフォンロールケーキ参照（P.12）
- りんごはすりおろしてレモン果汁をまぶしておく（皮はお好みで）
- コンポートを作る
  りんごを5mm角にカットして、グラニュー糖、レモン果汁と一緒に鍋に入れる。水分がとぶまで、中火で焦げないように煮るⓐ

焼き時間

15分 シート焼き
26分 17cmシフォン型

作り方

1 P.13の要領で卵黄生地を作る。工程***2***で卵黄に菜種油を加えて混ぜたあと、牛乳の代わりにすりおろしたりんごを加え、混ぜ合わせる。薄力粉をふるいながら一度に加えて、ホイッパーで混ぜる。

2 P.14～15の要領で生地を作る。工程***13***で生地が完成したら、りんごのコンポートに薄力粉をまぶしてⓑ余計な粉はふるいで落としⓒ、さっくりと生地に混ぜる。工程***14～21***の要領で生地を焼く。

3 工程***22***でボウルに生クリームとはちみつを入れ、八分立てに泡立てる。これを生地に塗り広げたら、P.17の要領で仕上げる。

ⓐ

ⓑ

ⓒ

ココア&チェリー

ブラックココアの渋みが大人の味を
演出してくれます。チェリーは大きな粒のまま
詰め込んで、ジューシーな食感を際立たせました。

材料

［生地］
卵黄（L）… 4個分
菜種油 … 50cc
牛乳 … 60cc
薄力粉 … 70g
ココアパウダー … 15g
ブラックココアパウダー
… 大さじ1

［メレンゲ］
卵白（L）… 4個分
グラニュー糖 … 70g

［クリーム］
生クリーム … 200cc
グラニュー糖 … 大さじ2

［シロップ］
上白糖 … 5g
お湯 … 10cc
キルッシュワッサー … 小さじ1/2

アメリカンチェリー … 適量

下準備

- 基本のプレーンシフォンロールケーキ参照（P.12）
- 薄力粉はココアパウダーと合わせて二度ふるっておく
- 牛乳、菜種油はそれぞれ耐熱容器に入れ、電子レンジで触れて熱いと感じるくらい熱めに温めておく
- アメリカンチェリーの種とヘタをとる
  種はくりぬき器を使うか、なければ半分に切り込みを入れてスプーンなどでとる

焼き時間

シート焼き

17cmシフォン型

作り方

1 P.13の要領で卵黄生地を作る。メレンゲが完成するまでボウルごと人肌程度の湯煎にかけておく（底が煮えないよう途中で底を何度か混ぜる）。

2 P.14～15の要領で生地を作る。工程***13***で完成した生地は、ブラックココアパウダーを入れたボウルに3すくい程度入れるⓐ。よく混ぜ合わせたらもとのボウルに戻し、数回混ぜてマーブル模様を出すⓑ。

3 工程***14～21***の要領で生地を焼き、クリームを八分立てに泡立てる。生地にクリームの8割程を塗り広げ、生地の半分より手前側にアメリカンチェリーを横二列にすき間なく並べる。残しておいたクリームをその上に塗り、アメリカンチェリーが動かないように塗りかためるⓒ。P.17の要領で仕上げる。

ゴロゴロした具材を巻くときは上からクリームを塗り、固定しておくと巻きやすくなる

ⓐ

ⓑ

ⓒ

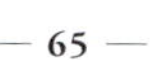

シフォンロールケーキをおいしくするヒケツ

シフォンロールケーキはシンプルな素材を使っているからこそ、材料選び、ちょっとしたひと手間がおいしさのカギになります。ここでは味わいを格上げするヒケツを紹介します。

「魔法の水」にかける手間を惜しまない

シフォン生地に打つシロップは「魔法の水」といわれるほど、おいしさをぐんと高めてくれる存在。シロップなしでも作れますが、このひと手間を惜しまないことが大切です。シロップに入れるお酒は、お好みでレシピ以外のものを使ってもOK！ ブランデー、ウイスキー、梅酒、あんず酒など香りの立つお酒や黒蜜、はちみつなどに置き換えることもできます。

くだもの・野菜は旬のものがおいしい

旬の食材は、味がよく香りが高いもの。春はいちごにさくらんぼ、夏はとうもろこし、秋はさつまいもにりんご、冬はゆず……といったように、季節のものはその時期に味わうのがベスト。それだけで味わいが格別なものになります。シフォンロールケーキに旬のくだものや野菜を使って、季節の移り変わりを楽しみましょう。

Part 3

アレンジを楽しむ

シフォンロールケーキの豊かなフレーバーを楽しんだら、
もう一歩アレンジを楽しみませんか。
柄を入れたり形を変えたりと
ロールケーキの域を超えた、さまざまなアレンジを紹介します。

珈琲ストライプ

ストライプから矢絣(やがすり)模様に変化をつけてみました。コーヒー好きにはたまらないほろ苦さと遊び心満載の模様。目でもお楽しみくださいね。

材料

［生地］
卵黄（L）… 4個分
菜種油 … 50cc
牛乳 … 60cc
薄力粉 … 70g
インスタントコーヒー … 大さじ1
水 … 小さじ1

［メレンゲ］
卵白（L）… 4個分
グラニュー糖 … 70g

［クリーム］
生クリーム … 200cc
グラニュー糖 … 大さじ2

［シロップ］
上白糖 … 5g
お湯 … 10cc
コアントロー … 小さじ1/2

下準備

- 基本のプレーンシフォンロールケーキ参照(P.12)
- インスタントコーヒーは分量の水で溶いておく

焼き時間

15分
シート焼き

作り方

1 P.13～15の要領で生地を作る。工程***13***で完成した生地は半分に分け、片方に水で溶いたインスタントコーヒーを加えホイッパーで混ぜる。

2 プレーン生地とコーヒー生地をそれぞれ10mm丸型の口金を付けた絞り出し袋に入れⓐ、型に合わせて2cm間隔で交互に絞り出すⓑ。その上に重ねるように、再度同様に絞り出すⓒ。

3 厚紙などで縦に5本線を入れるⓓ。その上を箸でなぞるように上から下に動かす。天板の向きを上下入れ変えて（180℃回転させて）、線と線の間を半分に分けるように箸を上から下に向かってまっすぐに動かし、模様を描くⓔ。

4 P.16～17の要領で仕上げる。

ⓐ

ⓑ

ⓒ

ⓓ

ⓔ

モンブラン

甘すぎない濃厚なマロンクリームが格別のお味。
風味がぐんと上がる和栗ペーストがおすすめです。

材料

［生地］
卵黄（L）… 4個分
菜種油 … 50cc
牛乳 … 60cc
薄力粉 … 70g

［メレンゲ］
卵白（L） … 4個分
グラニュー糖 … 60g

［クリーム］
生クリーム … 200cc
グラニュー糖 … 大さじ2

［マロンクリーム］
マロンペースト … 100g
バター … 10g
グラニュー糖 … 小さじ1
生クリーム … 30cc
ラム酒 … 小さじ1弱

［シロップ］
上白糖 … 5g
お湯 … 10cc
コアントロー … 小さじ1/2

栗の甘露煮 … 適量
粉糖 … 適量

焼き時間

15分

シート焼き

下準備

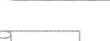

・基本のプレーンシフォンロールケーキ参照（P.12）
・マロンクリームを作る
鍋に裏ごしをしたマロンペーストと、バター、グラニュー糖を入れ、中火にかける。やわらかくなったら火から下ろし、粗熱がとれたら生クリーム、ラム酒を加えて混ぜ合わせて完成ⓐ。モンブラン用口金を付けた絞り出し袋に入れておくⓑ

作り方

1 P.13～17の要領でプレーンシフォンロールケーキを作る。

2 両端を切り落とし、ロールケーキの上にマロンクリームを絞り出すⓒ。栗の甘露煮を飾り、粉糖をふる。

ロールケーキの一番高いところから絞り出し始め、クリームの両端に輪ができるように左右に絞っていく

ⓐ

ⓑ

ⓒ

フランボワーズの森

フランボワーズクリームとベリーの酸味が
さわやかに香り立ちます。
パーティでも目を引くことまちがいなしの
豪華なロールに仕上がりました。

材料

［生地］
卵黄（L）… 4個分
菜種油 … 50cc
牛乳 … 60cc
薄力粉 … 70g
ドライベリー … 20g
キルッシュワッサー … 小さじ1/2

［メレンゲ］
卵白（L）… 4個分
グラニュー糖 … 60g

［クリーム］
生クリーム … 200cc
フランボワーズピューレ … 30g
グラニュー糖 … 大さじ2

［シロップ］
上白糖 … 5g
お湯 … 10cc
キルッシュワッサー … 小さじ1/2

下準備

- 基本のプレーンシフォンロールケーキ参照（P.12）
- ドライベリーにキルッシュワッサーをまぶしておく

焼き時間

15分
シート焼き

作り方

1 P.13〜15の要領で生地を作る。工程***13***でキルッシュワッサーをまぶしたドライベリーを加え、さっくりと混ぜる。

2 工程***14〜19***の要領で生地を焼き、シロップを打って、全面に切り込みを入れる。ボウルに生クリームとフランボワーズピューレ、グラニュー糖を入れ、八分立てに泡立てる。

3 ***2***を生地に塗り広げたら、生地を短冊状に4等分にカットするⓐ。1枚目の短冊を端からクリームが内側になるように渦巻き状に巻きⓑ、巻き終わりを斜めにカットするⓒ。

4 2枚目の短冊の両端を1枚目とつなぎ合わせられる方向に斜めにカットし、1枚目とつなぎ合わせて、二重に巻いていくⓓ。

つなぎめには糊代わりにクリームを少量塗って、生地を貼りつけて固定するⓔ

5 同様に、3枚目、4枚目を巻き、仕上げに上から粉糖（分量外）をふる。

ブッシュ・ド・ノエル

聖夜に想いをはせて、心穏やかにケーキを焼くひととき。
清らかな時間は心を豊かにしてくれます。

材料

［生地］
卵黄（L）… 4個分
菜種油 … 50cc
牛乳 … 60cc
薄力粉 … 70g

［メレンゲ］
卵白（L）… 4個分
グラニュー糖 … 60g

［チョコレートクリーム］
チョコレート … 40g
牛乳 … 大さじ1と1/2
グラニュー糖 … 小さじ1
生クリーム … 150cc

［クリーム］
生クリーム … 100cc
グラニュー糖 … 大さじ1

［シロップ］
上白糖 … 5g
お湯 … 10cc
ラム酒 … 小さじ1/2

レッドベリー、ブラックベリー、
お好みのハーブ、粉糖 … 各適量

焼き時間

15分
シート焼き

下準備

・基本のプレーンシフォンロールケーキ参照（P.12）
・チョコレートクリームを作る
チョコレートと牛乳をボウルに入れ、湯煎にかけて溶かすⓐ。別のボウルにグラニュー糖と生クリームを入れ六分立てに泡立てⓑ、溶かしたチョコレートと牛乳を加えて八分立てに泡立てるⓒ。15mm片口ムカデの口金を付けた絞り袋に入れておく

作り方

1 P.13～17の要領でプレーンシフォンロールケーキを作る。

2 表面に1本ずつチョコクリームを絞り出すⓓ。フォークで木目を描くⓔ。

3 切り口側にも**2**と同様にチョコクリームを1本ずつ横に絞り、パレットナイフなどで平らにならしたら竹串で年輪を描くⓕ。粉糖をふり、お好みでレッドベリー、ブラックベリー、ハーブをトッピングして仕上げる。

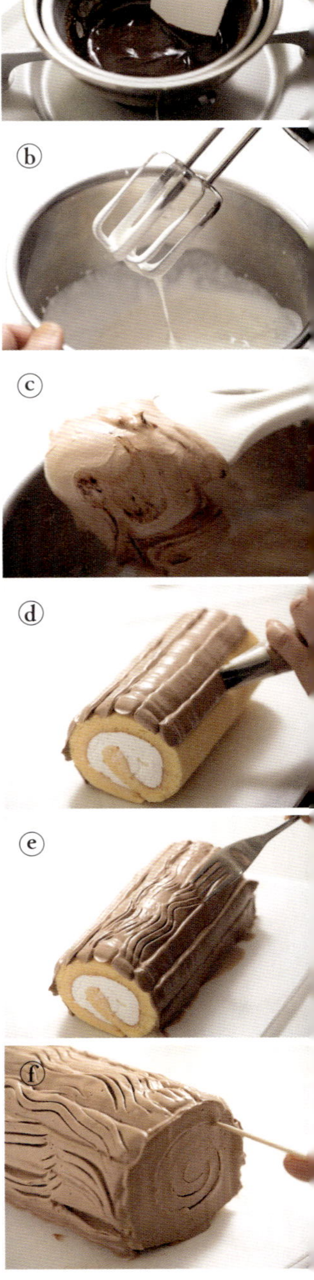
ⓐ ⓑ ⓒ ⓓ ⓔ ⓕ

バスケット

シート焼きをスクエアケーキにアレンジ！
おしゃれなバスケット模様に装いました。

材料

［生地］（2個分）
プレーンシフォンロールケーキ生地
（5×5cm）… 4枚

［クリーム］
生クリーム … 100cc
グラニュー糖 … 大さじ1

［シロップ］
上白糖 … 5g
お湯 … 10cc
ラム酒 … 小さじ1/2

アメリカンチェリー … 適量

下準備

・基本のプレーンシフォンロールケーキ参照（P.12）

作り方

1 P.13～16の要領で生地を作る。工程***20***でシロップを打ったら、5cm角にカットする。八分立てに泡立てたクリームを11mm片口ムカデの口金を付けた絞り出し袋に入れる。

2 カットした生地の表面にクリームを絞りⓐ、上に生地を重ねサンドする。

3 サンドした生地のまわりに、全面クリームを絞るⓑ。

4 1本クリームを絞りⓒ、これと交差するように短く3本絞るⓓ。

5 ***4***の短く3本絞った先端に少し重ねるようにして、同様に1本クリームを絞り、交差するように短く2本絞るⓔ。これを繰り返して、表面ができたら側面も同様にバスケット模様を描くⓕ、ⓖ。最後にアメリカンチェリーを飾る。

ⓐ

ⓑ

ⓒ

ⓓ

ⓔ

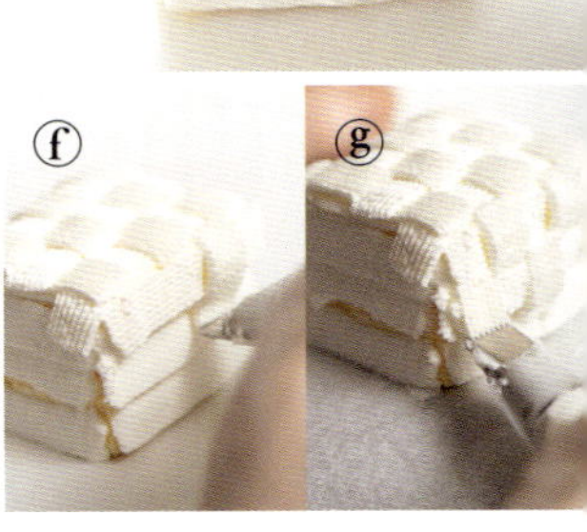

ⓕ ⓖ

巻かない
シフォンロールケーキのアイデア

ロールケーキはその名の通り、巻くことが肝であり、難所でもあります。そこで、ここでは“巻かずに”できるシフォンロールケーキのアイデアを紹介します。

柑橘シフォンサンド

P.13～16の要領でシフォン生地を作ったら、半分にカット。シロップを塗り、ホイップクリームに果実を混ぜたものを塗ってサンドすれば完成！ 冷蔵庫で少し冷やしてからいただきます。ロール状にするのが難しいときは“サンド”で気軽に楽しみませんか。中に入れる柑橘は、水気の少ない夏みかんやグレープフルーツ、いよかんなどがおすすめです。

プチキャンディロール

こちらもP.13～16の要領でシフォン生地を作ったら、クリームを塗り、小さめにカット。クッキングシートでくるんと筒状に包んで冷やせば、小さなシフォンロールケーキのでき上がりです。シートで包んだままでも、可愛らしいキャンディのような装いです。

青井聡子

2000年に鎌倉へ移住し、鎌倉しふぉんの前身「cafeあおい」をオープン。お店で出していたケーキが評判となる。独学でシフォンケーキの研究を重ね、2003年に鎌倉市農協連即売所内に「市場のケーキ屋さん 鎌倉しふぉん」開業。季節を取り入れたメニューが人気で、各種メディアでも多数紹介されている。以降、工房や東京、大阪等でシフォン教室を開講。国内外から生徒も多く、常に満席で人気のレッスン。著書に『新版 鎌倉しふぉんのシフォンケーキ』『新版 季節のシフォンケーキとお菓子』(ともにマイナビ出版)がある。

HP　https://www.k-chiffon.com
Instagram　@kamakurachiffon
　　　　　@satoko.aoi

staff

撮影　馬場わかな
スタイリング　曲田有子
デザイン　高橋朱里(マルサンカク)
編集　Natsumi.S(マイナビ出版)
　　　今居泰子(MOSHbooks)
校正　菅野ひろみ
調理補助　池田由紀子　井澤珠世
　　　　　佐藤智子　宮田真由美

撮影協力

タカナシ乳業株式会社
オフィシャルサイト　https://www.takanashi-milk.co.jp
タカナシミルクWEB SHOP　https://www.takanashi-milk.com
＊写真の商品はスーパーマーケットで販売しています

富澤商店
公式オンラインショップ　https://tomiz.com/
電話番号　0570-001919
(受付時間　平日9:00〜12:00／13:00〜17:00 土日祝は休業)

UTUWA

鎌倉しふぉんのシフォンロールケーキ

2024年9月20日　初版第一刷発行

著者　青井聡子
発行者　角竹輝紀
発行所　株式会社マイナビ出版
〒101-0003
東京都千代田区
一ツ橋2-6-3 一ツ橋ビル2F
電話 0480-38-6872(注文専用ダイヤル)
03-3556-2731(販売)
03-3556-2735(編集)
MAIL　pc-books@mynavi.jp
URL　https://book.mynavi.jp
印刷・製本　シナノ印刷株式会社

ISBN 978-4-8399-8460-1

Printed in Japan

鎌倉しふぉんの
シフォンロールケーキ

マイナビ